Dieses Adressbuch gehört:

A

A

A

B

B

B

B

B

D

D

D

D

D

E

E

F

F

F

F

G

G

J

K

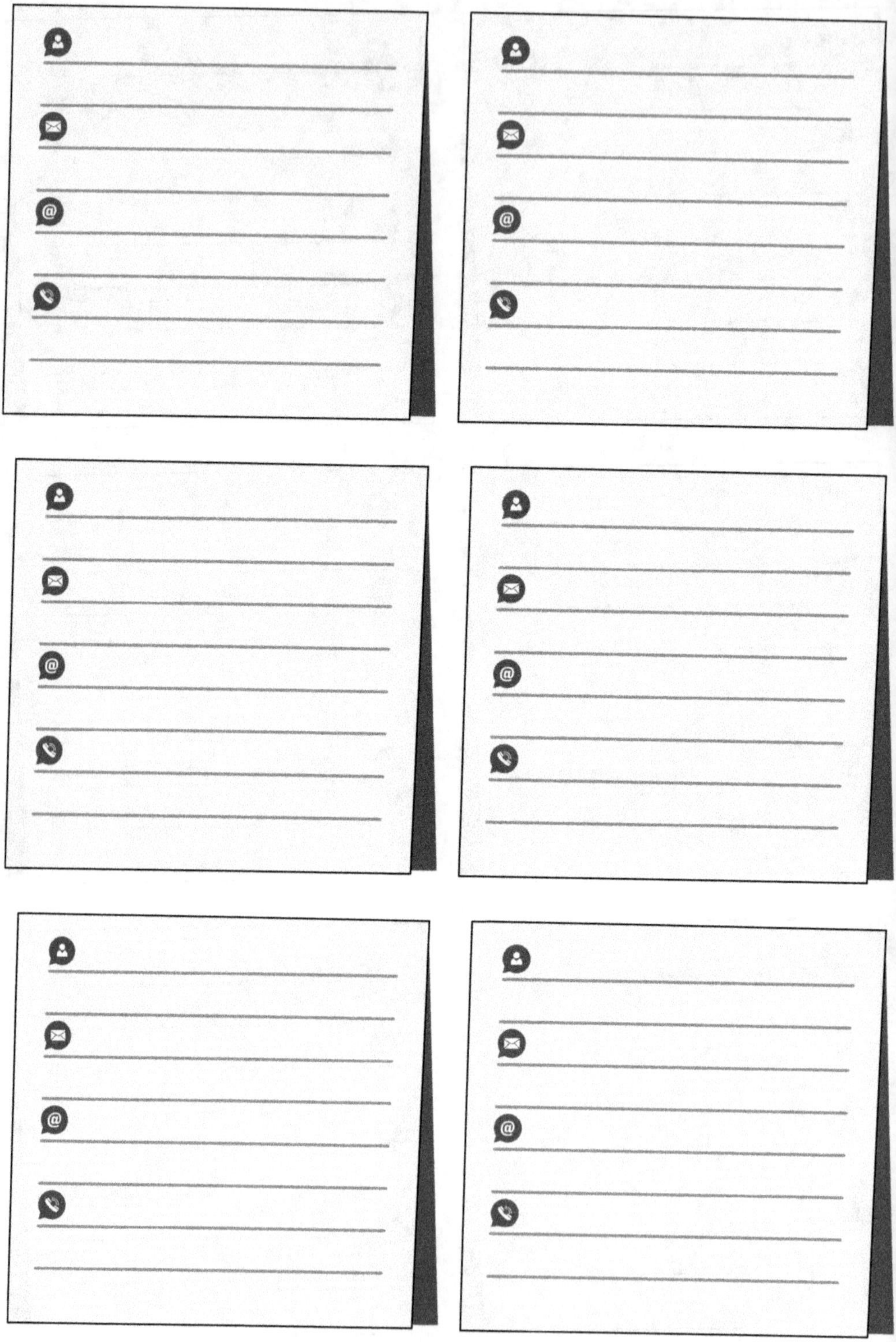

P

P

P

P

P

Q

S

S

s

S

V

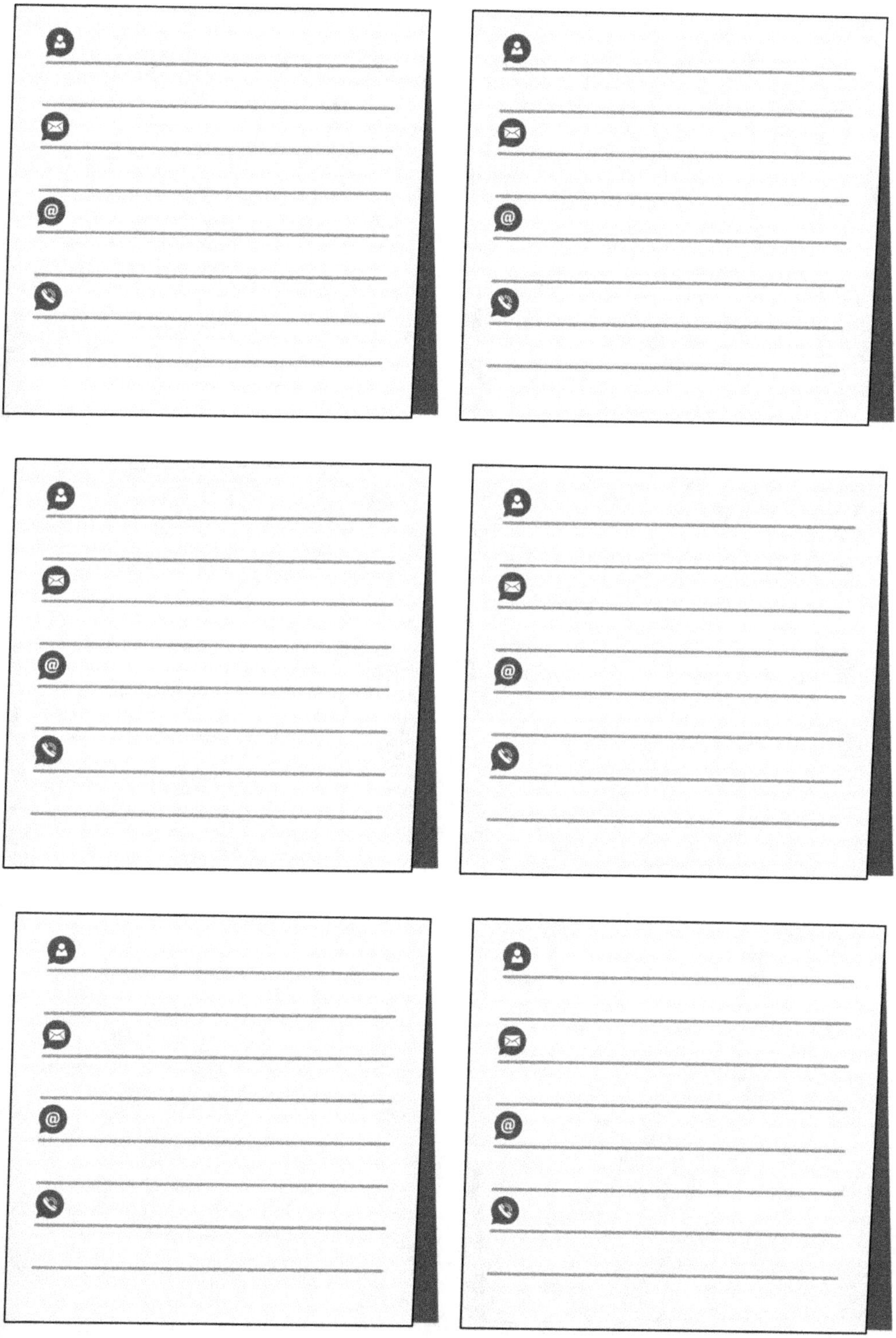

Y

Y

Y

Z

z

Z

z

Impressum:

**Philipp Hesse
c/o Werneburg Internet Marketing und Publikations-Service
Philipp-Kühner-Straße 2
99817 Eisenach**

Copyright: Philipp Hesse

www.ingramcontent.com/pod-product-compliance
Lightning Source LLC
Chambersburg PA
CBHW070650220526
45466CB00001B/380